Pensamientos de Luz

COMPILACIÓN Y TRADUCCIÓN POR

BOGDAN PIOTROWSKI

Juan Pablo II

Pensamientos de Luz

rayo *Una rama de* HarperCollins*Publishers*

Libros de HarperCollins pueden ser adquiridos para uso educacional, comercial o promocional. Para recibir más información, diríjase a: Special Markets Department, HarperCollins Publishers, 10 East 53rd Street, New York, NY 10022.

DISEÑO DEL LIBRO POR SHUBHANI SARKAR

Este libro fue publicado originalmente en español en el año 2003 en Colombia por Editorial Norma.

PRIMERA EDICIÓN RAYO, 2005

Impreso en papel sin ácido

ISBN-10: 0-06-085291-7   ISBN-13: 978-0-06-085291-7

05   06   07   08   09   ❖/RRD   10   9   8   7   6   5   4   3   2   1

A SU SANTIDAD JUAN PABLO II,
CON ADMIRACIÓN, DEVOCIÓN Y AGRADECIMIENTOS
PROVENIENTES DEL CORAZÓN POR SUS ENSEÑANZAS
APOSTÓLICAS, POR SU OBRA FILOSÓFICA
Y POR SU CREACIÓN LITERARIA,
EN ESTOS HISTÓRICOS DÍAS DE LAS
BODAS DE PLATA DE SU PONTIFICADO

Bogdan Piotrowski

CONTENIDO

Pensamientos de Luz

Abrahán

Abrahán trajo en sí mismo el lugar interior del encuentro a estos lugares externos en que toda la Tierra se volvió TIERRA.

PEREGRINACIÓN, 1965

Abrahán, el visible comienzo del nuevo Adán.

PEREGRINACIÓN, 1965

La peregrinación de Abrahán debe seguir repitiéndola todo el pueblo.

PEREGRINACIÓN, 1965

No temas, Abrahán, sigue adelante y haz lo que debes hacer.

TRÍPTICO, 2003

Acto

¿Nuestros actos alcanzarán a abarcar, y a abarcar hasta el fondo, todas estas profundas verdades sobre las cuales nos corresponde pensar?

PENSAMIENTO, 1952

Y si nuestros días están llenos de actos ordinarios en los que siempre el interior mismo del acto oculta el gesto inseparable, entonces vivimos la seguridad de que un día este gesto se desprenderá y en nuestros actos quedará solamente lo que de verdad es.

PENSAMIENTO, 1952

Alejar el horror de los asuntos para que baste un acto sencillo.

PERFILES, 1957

Los hechos construidos sobre la roca de la voluntad realizan el canto de los tiempos.

PENSANDO, 1974

Agua

Tropezaré contra el pensamiento, contra el umbral; esta agua me golpeará en el corazón, de repente me quitará la paz.

NACIMIENTO, 1961

El agua habla más de la duración que del peso . . . ¡Agua, permanece en el transcurso de tus designios!

VIGILIA, 1966

Alma

Adora, alma mía, la gloria de tu Señor, el Padre de la gran Poesía—tan lleno de bondad.

MAGNÍFICAT, 1939

Resuena, alma mía, con la gloria de tu Señor, Hacedor del Saber Angelical —Hacedor benévolo.

MAGNÍFICAT, 1939

Gracias porque pusiste el sitio del alma tan lejos del bullicio.

CANTO DE DIOS, 1944

Tu mirada fija en el alma, como el sol inclinado sobre la hoja.

CANTO DE DIOS, 1944

El alma no es como una hoja que no seguirá al sol.

CANTO DE DIOS, 1944

Y todo esto se debe al único Punto Blanco concebido en la más inmaculada blancura por el corazón humano.

CANTO DE DIOS, 1944

Se fija en el brillo de los ojos y en el límpido bosquecillo de las pestañas: lo de encima está entreverado con lo oculto.

NACIMIENTO, 1961

Nunca verás al espíritu: sólo los ojos son el espejo del pensamiento que encuentro en la mitad del camino, y me devuelvo lentamente.

NACIMIENTO, 1961

Amor

Alma que creciste de la libertad, esculpe el poder mesiánico y conjura en los salmos de Amor —en el salterio renacentista.

SONETOS, 1939

El amor me lo explicó todo.

CANTO DE DIOS, 1944

Esta inclinación buena, llena a la vez de frescura y de ardor, como una reciprocidad silenciosa.

CANTO DE DIOS, 1944

Te adoro, heno oloroso, porque no encuentro en ti el orgullo de las espigas maduras.

CANTO DE DIOS, 1944

Porque el amor es el más grande en la sencillez.

CANTO DE DIOS, 1944

Él mismo, cuando nos ha amado, nos ha hechizado con la sencillez.

CANTO DE DIOS, 1944

Demasiado tarde, hoy cada dolor que regresa de Ti, se transforma en amor por el camino.

CANTO AGUA, 1950

Mira, cómo se puede amar en esta ira radical que se precipita en la respiración de la gente como el río agitado por el viento.

CANTERA, 1956

Pero el hombre llevó consigo la estructura interna del mundo en la cual el amor, mientras más ira lo impulsa, más arriba brota.

CANTERA, 1956

Tú no te atormentas con el amor que te inunda permanentemente.

PERFILES, 1957

Entonces ama caminando al fondo y llegando hasta la voluntad, para no sentir la huida del corazón ni el control del pensamiento agobiante.

PERFILES, 1957

Por el amor, que escapa de la muerte, nuestra tierra se volvió un rito.

VIGILIA, 1966

Adán conoció a su mujer, y ella concibió y dio a luz. ¡Saben que pasaron el umbral de la más grande responsabilidad!

TRÍPTICO, 2003

Asombro

Y aunque tus ojos están llenos de asombro, no puedes, de verdad, no puedes abrir tus pensamientos hasta el fondo.

PENSAMIENTO, 1952

Estaba solo en este asombro entre seres que no se asombraban.

TRÍPTICO, 2003

El hombre iba de paso junto a ellos en la onda de los asombros.

TRÍPTICO, 2003

Al asombrarse, seguía surgiendo desde la onda que lo llevaba.

TRÍPTICO, 2003

Entramos para leer, caminando del asombro al asombro.

TRÍPTICO, 2003

Bautismo

El nacimiento no conoce ya el límite ni tampoco la separación.

PEREGRINACIÓN, 1965

Llamemos bautismo al momento en que Dios salió de los cimientos del mundo y de los intrincamientos del destino humano.

VIGILIA, 1966

Belleza

He aquí el camino de la belleza: el de los relámpagos
prometidos y las fogatas sanjuaneras, el de las luces prendidas en cruz.

SONETOS, 1939

Porque creo en las nostalgias de la humanidad, parecidas
a los álamos y a los pinos, a las columnas parecidas a la
Belleza —y a las resurrecciones— y a las primaveras.

SONETOS, 1939

Es Él quien les permite participar de la belleza que les
insufló.

TRÍPTICO, 2003

De lo que fue bello —he aquí ahora la fealdad de sus
despojos.

TRÍPTICO, 2003

Comunión

Te adoro, pálida luz del pan de trigo.

CANTO DE DIOS, 1944

La parte del pan más real que el universo, más plena que el ser y que el Verbo.

CANTO DE DIOS, 1944

Para que lo reciban los más sencillos, los que tienen almas de blancura.

CANTO DE DIOS, 1944

Adorado con la incandescencia blanca del Pan.

CANTO DE DIOS, 1944

Cambiaste el lugar externo del cuerpo por el interno al decir: "tomad y bebed todos de él".

PEREGRINACIÓN, 1965

Entró en la historia del hombre y le reveló el Misterio oculto desde la fundación del mundo.

TRÍPTICO, 2003

Conciencia

No influyo sobre el destino del globo, no inicio las guerras.

PERFILES, 1957

El mundo que creo no es bueno . . . —pero no creo un mundo malo. ¿Esto basta?

PERFILES, 1957

Permanentemente se transforma en mí el contenido de los días cotidianos.

REDENCIÓN, 1979

Queda fuera de ellos como un espejo con la vista fija en todos los misterios.

REDENCIÓN, 1979

Por medio del pensamiento, permanentemente entro en mí mismo y permanentemente me alejo de mí mismo.

REDENCIÓN, 1979

El alejamiento: permanecer con la inquietud sobre la forma en la cual ninguna mirada alcanza de adentro ningún Rostro.

REDENCIÓN, 1979

Nostalgia —hambre de cercanía.

REDENCIÓN, 1979

¿Acaso no quieren ser verdaderos y transparentes para ellos mismos —como lo son para Él?

TRÍPTICO, 2003

Conocimiento

¿Qué significa que percibo tanto cuanto no veo nada?

CANTO DE DIOS, 1944

Dios, cerca de mí, transforma mis ojos cerrados en ojos bien abiertos.

CANTO DE DIOS, 1944

A mirar así en sí mismo ninguno de nosotros se atreverá.

CANTO DE DIOS, 1944

No necesitaba salir de sí mismo ni levantar los ojos para adivinar.

CANTO AGUA, 1950

¡Qué síntesis! ¡Qué bondad de conocimiento!

CANTO AGUA, 1950

Desde ese momento mi ignorancia se cerró detrás de mí como una puerta.

CANTO AGUA, 1950

Tengo el alma abierta. Deseo comprender.

PERFILES, 1957

Presión de cosas invisibles aprisionadas entre haces de atmósferas y todo está tan transparente en esta oscuridad, que veo el acceso.

NACIMIENTO, 1961

Cuando la mente no carga el abismo, no creas que ya se cerró.

IGLESIA, 1962

En el cerebro se tensan las construcciones cuando algo se inclina como un edificio erigido dentro de los hombres —todos piensan cómo enderezar no el frontispicio sino los cimientos, porque el suelo profundo, precisamente, se opone como la onda al barco.

IGLESIA, 1962

Todo esto lo sé. No obstante, ¿basta saberlo?

REFLEXIONES, 1964

¿Esto significa que acierto con el contenido que los hombres acordaron llamar importante y grande —y proclamarlo mutuamente?

VIGILIA, 1966

El hombre descubrió —quizás no sabía que lo descubría— que el significado lo otorga la mente, pero también el corazón.

VIGILIA, 1966

El árbol del conocimiento no conoce límites.

PENSANDO, 1974

En este ritmo te me revelas.

TRÍPTICO, 2003

Corazón

Y las multitudes, las multitudes de corazones, poseídos por un Solo Corazón.

CANTO DE DIOS, 1944

No hagas bajar la onda del corazón cuando crece silenciosa en la mirada.

MADRE, 1950

Mis manos pertenecen al corazón, y el corazón no maldice.

CANTERA, 1956

Sé mirar al corazón del hombre sin velos ni apariencias.

CANTERA, 1956

El camino de todos golpea directamente en mi corazón.

CANTERA, 1956

Entre el corazón y el corazón hay una brecha en la que se entra muy despacio.

PERFILES, 1957

¡Rompe y abre! Encima de mí se suspendió la pupila —la irradiación del corazón.

PERFILES, 1957

¿El corazón palpitante de las emociones, como si fueran ataduras, es una pasarela?

NACIMIENTO, 1961

A decir verdad, pienso continuamente en lo que persigo con el corazón y no sé si estoy más lleno de emociones o de conocimientos.

NACIMIENTO, 1961

Cristianismo

Entre el teatro de la destrucción, en el foro cesáreo, vivimos tres columnas en los brazos del arquitrabe.

SONETOS, 1939

Se elevó desde las fogatas en resplandor de resina hacia el santo dominio, por encima de las tres columnas hermanas, en la evangélica claridad.

SONETOS, 1939

¡Oh obelisco! ¡Mira estas multitudes; adorna sus caminos con rosas purísimas!

PALABRA, 1939

¡En la confesión escucha las nostalgias de los pueblos! ¡Un deseo santo: libertad y Amor!

PALABRA, 1939

El camino gótico, hacia arriba; el renacentista, a lo ancho. Los caminos se cruzan. De ahí la forma más maravillosa. Lo digo porque soy cristiano, porque soy polaco.

ANOTACIONES, 1939

Cristo

¡Oh Santo! Funde en poesía todo tu dolor y el del prójimo y deja a tus hermanos rezar con un rosario maravilloso.

BANQUETE, 1939

Cristo. Los tiempos extienden sus manos hacia Él.

BANQUETE, 1939

¡Oh, Tú, hago penitencia junto a Ti, mi Cristo de la Cruz! ¡Cumplimiento de los anhelos! ¡Libre! ¡Amoroso!

BANQUETE, 1939

Aunque miro con admiración al Hijo, no sé transformarme en Él.

REFLEXIONES, 1964

Cuando los pueblos se inventaban los dioses, vino El que Es.

TRÍPTICO, 2003

Cruz

Hacia estos corazones, hacia estos corazones, hermanados en el Verbo, abriste —oh, cruz— los brazos, hermano cordial de Alvernia.

SONETOS, 1939

La cruz es un Apacentadero.

IGLESIA, 1962

Los hombres sin casa de nuevo habitan la Tierra a través de la Cruz.

PEREGRINACIÓN, 1965

Estoy más solo (que cuando no estuviera nadie): estoy a solas. Y, a la vez, estoy multiplicado por todos en la Cruz que estaba en este lugar.

PEREGRINACIÓN, 1965

Esta multiplicación —y no reducción— seguirá siendo un misterio: la Cruz va contra la corriente.

PEREGRINACIÓN, 1965

¿Cómo se logró la cruz en Ti?

PEREGRINACIÓN, 1965

Cuerpo

El espíritu se trasladó de repente, y el cuerpo todavía se quedó en su antiguo lugar.

PERFILES, 1957

Y el dolor durará mientras no madure el cuerpo, en el espíritu encontrará su alimento, y no el hambre como hasta ahora.

PERFILES, 1957

Tuviste tu lugar en la tierra merced a Tu Cuerpo.

PEREGRINACIÓN, 1965

La historia de los hombres como yo busca su Cuerpo.

VIGILIA, 1966

En la historia, el cuerpo humano muere más a menudo que el árbol, muere más rápido.

VIGILIA, 1966

El cuerpo con su propia plenitud alcanza los límites del otoño.

LA MUERTE, 1975

Cultura

El hombre florece gracias a las ciudades —pero su florecimiento sin casa lo lleva a este lugar donde cada arquitectura es casual.

PEREGRINACIÓN, 1965

Las cosas no son la muerte de las personas, al hombre le queda la inmortalidad de las cosas.

VIGILIA, 1966

Muchísimo del hombre muere en las cosas, más de lo que queda.

VIGILIA, 1966

Cultura eslava

Que, en estas noches de San Juan, los corazones se traben en lazos de llamas ocultas.

SONETOS, 1939

La poesía es un alivio —la hija de las noches de San Juan.

SONETOS, 1939

Veo esta construcción de anhelos como el templo de las almas eslavas.

SONETOS, 1939

Los eslavos rectos provienen de los sueños, de las meditaciones entre los árboles.

SONETOS, 1939

Mi alma eslava —tú eres el ensimismamiento de la belleza.

SONETOS, 1939

He aquí la iglesia apostólica, el templo y el castillo de la gente de miel, los Piast hospitalarios y los descendientes de Lech[1].

SONETOS, 1939

Aquí, en la custodia, llevan el Sacramento eslavo.

SONETOS, 1939

¡Mi alma eslava! ¡Soñadora sempiterna!

SONETOS, 1939

Precisamente en el Wawel[2] está el símbolo de las formas del alma eslava.

SONETOS, 1939

Las montañas se duermen en llamas, como las figuras de los señores eslavos, como los fantasmas de los mejores amaneceres.

SONETOS, 1939

Levanta —¡oh alma eslava!— esta Arca de Revelaciones
Divinas.

SONETOS, 1939

Soy un campesino de lino, soy un Piast cordial, el señor
de las tierras de miel y de trigo.

BANQUETE, 1939

¡Y sé libre como esta mazurca de ventarrón!

BANQUETE, 1939

Las palabras eran humanas, eslavas. En ellas, el mundo
era importante e insignificante. La muerte era severa y
prometedora.

VIGILIA, 1966

Cuando intentes entender todo acerca de las bregas mor-
tales de los eslavos, permíteme mirar a través de los
cimientos del alma —de la mía.

VIGILIA, 1966

Decisión

¿Te acuerdas del primer paso que diste y con que, hasta ahora, sigues sin parar?

PERFILES, 1957

¡Mejor sigue la ola! Sigue la ola y no hieras tus pies —la ola te llevará y ni siquiera sentirás cómo te ahogas.

PERFILES, 1957

Destino

Sólo el amor equilibra el destino.

PENSANDO, 1974

Ningún hombre tiene listos los senderos.

REDENCIÓN, 1979

He aquí el camino que todos seguimos —cada uno de nosotros.

TRÍPTICO, 2003

Dios

Vi tu claridad evangélica en los senderos de las auroras,
desde la tierra hasta el zenit.

SONETOS, 1939

De Ti provienen la primavera de las nostalgias, el pre-
sentimiento primaveral y las ganas de lanzar mi cuerpo
joven a las alturas del Cielo —de huir de la mezquindad.

. . . Y CUANDO DAVID, 1939

A menudo me mira largo tiempo desde allí.

CANTO DE DIOS, 1944

Tú, amplio, asequible —Tú, en quien cabe cada hombre.

PERFILES, 1957

Se puede constatar que eres despiadado, en este sentido,
de que eres categórico: Tus planes son irreversibles.

REFLEXIONES, 1964

¿Puedo extrañarme de que seas más fuerte en mí que yo mismo?

REFLEXIONES, 1964

Se hizo evidente que Dios no vive en los cimientos del mundo, en los intrincamientos del destino humano, sino que habla su propia lengua, su lenguaje de la más sencilla sinceridad.

VIGILIA, 1966

¿Quién es Él? Es como un espacio inexpresable que abarca todo.

TRÍPTICO, 2003

Él es el Creador: lo abarca todo, llamando la existencia a partir de la nada, no sólo desde el principio, sino también para siempre.

TRÍPTICO, 2003

¿Es Él únicamente el espacio de la existencia de los exis-
tentes?

TRÍPTICO, 2003

¿Quién es Él? El Indecible. Ser por Él mismo. Único.
Creador del todo. A la vez, la Comunión de las Personas.

TRÍPTICO, 2003

Era diferente. No se parecía a nada de lo que pudiera
pensar de Él el hombre.

TRÍPTICO, 2003

Dolor

Cuando las manos se agrietan, entonces en las heridas se acrecienta el dolor físico que arrastra soberanamente como una corriente.

CANTERA, 1956

El solo dolor aún no constituye una dimensión y simplemente no sabe nombrar su dimensión.

CANTERA, 1956

¡Ah, salir de la corriente oculta y pasar fuera del sabor del dolor!

PERFILES, 1957

No obstante, entonces, me pesa tanto hasta la carga más liviana.

PERFILES, 1957

A menudo el sufrimiento de los sentimientos se mide con la columna de mercurio al igual que el calor del aire o de los cuerpos —y, sin embargo, hay que descubrir su dimensión de otra manera.

PERFILES, 1957

No he querido aceptar el sufrimiento que crea el riesgo del amor.

REFLEXIONES, 1964

Don

El don y el empeño se inscriben en las cartas ocultas y, sin embargo, manifiestas.

PENSANDO, 1974

Y les quedó el don que Dios les dio.

TRÍPTICO, 2003

Tomaron en sí —a la medida humana— esta donación mutua que hay en Él.

TRÍPTICO, 2003

No sentían vergüenza mientras conservaban el don.

TRÍPTICO, 2003

Viven conscientes del don aunque quizá no saben nombrarlo.

TRÍPTICO, 2003

Encuentro

No hubo encuentro con la tierra de El que Es.

PEREGRINACIÓN, 1965

Encontrarse —no significa solamente tocarse.

PEREGRINACIÓN, 1965

El encuentro puede significar el comienzo de la separación.

PEREGRINACIÓN, 1965

¡Lugar del encuentro, deja de ser un desierto y vuélvete un oasis!

PEREGRINACIÓN, 1965

Por encima de todos los lugares del encuentro, éste es el primero y el último.

PEREGRINACIÓN, 1965

Entusiasmo

He aquí la mancha del entusiasmo, una mancha seductora y superficial.

PERFILES, 1957

Equilibrio

Sin embargo, este equilibrio que conservas en la soledad parece estar simultáneamente demasiado cerca y demasiado lejos. Al mismo tiempo hay que bajar y hay que subir.

CANTERA, 1956

¡Equilibrar todo esto, por fin, con un gesto maduro y seguro!

PERFILES, 1957

Esperanza

¡Oh, sol de levante, incéndiame! En la aurora me levanté de terrones congelados.

SONETOS, 1939

En el camino del amanecer no atravesaré un espectro de melodías.

SONETOS, 1939

Que no haya tormentas en los templos primaverales de las liberaciones.

SONETOS, 1939

Aprendiendo la nueva esperanza, en este tiempo, vamos hacia la tierra nueva.

PENSANDO, 1974

La esperanza se levanta a tiempo desde todos los lugares.

LA MUERTE, 1975

De todos modos estoy inscrito en Ti por medio de la esperanza; fuera de Ti no puedo existir.

LA MUERTE, 1975

La fisura más curiosa del universo no busca su cumplimiento, pero yo, el hombre, tengo que buscarlo como el río su desembocadura.

REDENCIÓN, 1979

Espíritu Santo

En luminosas lenguas de resplandor —bajó Él— Ave de
Paloma.

SONETOS, 1939

Eternidad

Por este instante lleno de la muerte extraña que abunda
en la eternidad infinita.

CANTO DE DIOS, 1944

Se mezclaron el instante y la eternidad, la gota abarcó la
mar.

CANTO DE DIOS, 1944

Diste a la eternidad el sabor a pan.

CANTO DE DIOS, 1944

¿Intentaste abarcar lo que no se muere?

VIGILIA, 1966

Experiencia

Encuentras entre las facciones del rostro el campo blanco y liso.

NACIMIENTO, 1961

¿Es el juego de las arrugas el que revela la voluntad de lucha?

NACIMIENTO, 1961

Fe

Heme aquí, como un templo que surge entre nostalgias.

SONETOS, 1939

Yo oigo la coral orante de los golpes cordiales.

SONETOS, 1939

Diariamente descubro en ti la más grande Verdad humana.

SONETOS, 1939

Se necesita un alma que eche a los pies adoloridos de los crucifijos negros un manojo de antorchas martiriales.

SONETOS, 1939

¡Que de los pisos brote la fuente! El torrente revelado se convertirá en perlas melodiosas, en ejército orante.

BANQUETE, 1939

¡Arde no demasiado cerca del cielo ni demasiado lejos!

CANTO DE DIOS, 1944

Entonces, saber aún menos y creer aún más.

CANTO DE DIOS, 1944

Y, cuando cierras los ojos, el espacio se vuelve completo de nuevo.

CANTO AGUA, 1950

No hay lugar para el corazón y el pensamiento, sólo está el momento que estalla en mí como la cruz.

PERFILES, 1957

Espera, pues, se paciente. Yo te recogeré de todos los lechos, de los torrentes, de las fuentes de luz, de las raíces de los árboles y de las superficies del sol.

NACIMIENTO, 1961

Sin embargo, todos saltan, el cansancio no empuja hacia las tumbas —ni siquiera a los ancianos— éstos apenas arrastran las rodillas y, no obstante, están listos para el estadio.

IGLESIA, 1962

Los ojos apagados, al igual que los jóvenes, ven la totalidad.

IGLESIA, 1962

Quedaremos pobres y desnudos, y a la vez transparentes como el cristal, que no solamente refleja sino que corta: El mundo así partido, que no cicatrice bajo los latigazos de la conciencia.

IGLESIA, 1962

¿Basta ahondar en las fuentes sin buscar las Manos invisibles?

IGLESIA, 1962

En el transcurso de estos años he llegado a ella con un esfuerzo incesante, pensando siempre con pavor que la pierdo, que se borra entre los procesos de masas.

REFLEXIONES, 1964

La irradiación del lugar interior está en relación con todos los lugares externos de la Tierra que visité en la peregrinación.

PEREGRINACIÓN, 1965

La última palabra de la fe le sale al paso a la necesidad de transcurrir.

LA MUERTE, 1975

Nacemos como matorral que puede arder como la zarza de Moisés.

REDENCIÓN, 1979

Felicidad

Desde debajo de los tilos se puede ver la felicidad humana
hasta saciarse.

SONETOS, 1939

¡Hoy, vístete de rojo! —¡la noche de hoy es tan fragante!

SONETOS, 1939

¿Eres capaz de convencer de que en la ceguera puede existir la felicidad?

PERFILES, 1957

Filiación divina

Padre, desatiendo Tu mirada rebosante de luz solar.

CANTO DE DIOS, 1944

Escuchaste mi llanto lejano y desde hacía siglos sabías por qué.

CANTO DE DIOS, 1944

No pienses que andas solo. Él siempre te acompaña.

CANTO AGUA, 1950

No estaba solo. Sus músculos se acrecentaban en una enorme multitud, mientras cargaban el martillo y palpitaban de energía.

CANTERA, 1956

El hombre lo encuentra a Él, que siempre le lleva la delantera.

NACIMIENTO, 1961

¿Debías tocar mi pensamiento con Tu Nacimiento y mi voluntad con este Amor que se cumple en él y a la vez nace de él?

REFLEXIONES, 1964

Diré más: del conjunto de palabras que uso, decidí eliminar la palabra "mío". ¿Cómo podría decir o pensar así si sé que todo es Tuyo?

REFLEXIONES, 1964

Hasta yo mismo soy más Tuyo que "mío".

REFLEXIONES, 1964

Me haces evolucionar en contra de lo que me imaginaba sobre mí mismo y, sin embargo, de acuerdo con lo que soy.

REFLEXIONES, 1964

Después de cuánto tiempo logré entender que no quieres que sea padre sin ser hijo.

REFLEXIONES, 1964

Aceptar en sí la irradiación de la paternidad no significa solamente "ser padre", significa, más bien, "ser hijo".

REFLEXIONES, 1964

El hijo —significa la paternidad y la maternidad.

TRÍPTICO, 2003

Final

Y, finalmente, puede ocurrir que Tú apartes nuestro mundo.

REFLEXIONES, 1964

El fin del cultivo ya está contenido en su inicio.

LA MUERTE, 1975

El principio y el final, invisibles, emanan hacia nosotros desde estas paredes.

TRÍPTICO, 2003

El final es tan invisible como el principio.

TRÍPTICO, 2003

Y este invisible final se hizo visible como la cumbre de la transparencia.

TRÍPTICO, 2003

Ahora el final invisible se volvió conmovedoramente visible.

TRÍPTICO, 2003

El final y a la vez la cumbre de la transparencia —éste es el camino de las generaciones.

TRÍPTICO, 2003

He aquí que se ven entre el Principio y el Final, entre el Día de la Creación y el Día del Juicio.

TRÍPTICO, 2003

Fuente

Iré conforme a la luz que fluye como la corriente montañosa y diré: se secó, se secó, se secó el lecho del arroyo.

NACIMIENTO, 1961

Entonces, debo preguntar por la fuente —a no ser que baste seguir la corriente y nunca parar, nunca oponerse a la onda.

NACIMIENTO, 1961

Si quieres la fuente encontrar, tienes que ir arriba, contra la corriente.

TRÍPTICO, 2003

Déjame mojar los labios en el agua de la fuente, sentir su frescura, su frescura vivificante.

TRÍPTICO, 2003

Fuerza

Me convencen la fuerza y la debilidad —el contraste de esta fuerza: probablemente, el mundo se apoya de manera distinta en la fuerza que en la debilidad.

NACIMIENTO, 1961

Que la corriente del poder penetre la debilidad.

PENSANDO, 1974

Gente

Conoces a estos hombres, a la vez por la fatiga y por la luz.

CANTO AGUA, 1950

¿Cuántos hombres entran por puertas abiertas con ruido?

CANTO AGUA, 1950

La pared humana, de vez en cuando, se abre con la cara de un peatón.

CANTO AGUA, 1950

Se eleva el nivel de la gente que hasta ayer mantenía conversaciones silenciosas.

MADRE, 1950

Los conozco, hombres magníficos, hombres sin maneras ni formas.

CANTERA, 1956

Tantos hombres crecían alrededor de mí, y por mí, y, en cierto modo, desde mí.

PERFILES, 1957

Habla

Las aguas de los ríos bajaban, la corriente del habla se dirigía hacia la cumbre.

PENSANDO, 1974

Fuera del habla se abre el abismo.

PENSANDO, 1974

Historia

La historia de los hombres, como yo, busca el cuerpo que
Tú le darás.

VIGILIA, 1966

En la historia, cada uno pierde su cuerpo y cada uno va
hacia Ti.

VIGILIA, 1966

En el momento de la partida, cada uno es más grande que
la historia de la cual forma parte.

VIGILIA, 1966

¡No separes al hombre de las cosas que son el cuerpo de
su historia!

VIGILIA, 1966

¡No separes a los hombres del Hombre que se volvió el
Cuerpo de su historia!

VIGILIA, 1966

Cuando el fruto cae del árbol de la historia —se cae por su propio peso y por la madurez de la existencia, después de la cual queda el signo.

VIGILIA, 1966

Caminamos a través de tantas generaciones —camina cada uno de nosotros— hacia nuestra propia libertad.

VIGILIA, 1966

La historia no es la resurrección, es el permanente consentimiento de la muerte.

VIGILIA, 1966

¿Por dónde pasa la división de las generaciones entre los que no han cancelado y los que han pagado el sobreprecio? ¿De qué lado estamos?

PENSANDO, 1974

¿Acaso no llevamos el peso de la historia como un pilar cuya grieta no se ha cicatrizado hasta ahora?

PENSANDO, 1974

La historia cubre las batallas de la conciencia con la capa de acontecimientos.

PENSANDO, 1974

¿Acaso puede la historia fluir en contra de la corriente de la conciencia?

PENSANDO, 1974

Ojalá no perdamos de vista esta transparencia con que vienen a nosotros los acontecimientos extraviados en la torre inmensurable.

PENSANDO, 1974

Hombre

Me volví como un lecho por el que va andando la fuerza natural —que se llama el hombre.

PERFILES, 1957

¿Cómo sabes que en la balanza del mundo pesa más el hombre?

PERFILES, 1957

¿No puedo nunca pensar que soy un "fenómeno curioso" y debo siempre recordar que soy un "ser casual"?

NACIMIENTO, 1961

No en vano llevo el nombre de Adán. En este nombre se puede encontrar a cada hombre.

REFLEXIONES, 1964

Aunque soy como el hombre a quien se puede poner por fuera del paréntesis y de nuevo ubicar en la historia a todos los hombres como un denominador común —sin embargo, sigo siendo solo.

REFLEXIONES, 1964

Y sé quién es Adán que en cierta ocasión se encontró en el límite de la paternidad y de su propia soledad.

REFLEXIONES, 1964

Permanece el hombre fuera del umbral de la muerte en las catacumbas y las criptas.
Permanece el hombre que se fue en los que vinieron después de él.
Permanece el hombre que viene en los que se fueron.
Permanece el hombre fuera de toda partida y de toda venida en sí y en Ti.

VIGILIA, 1966

Cada hombre que creció en esta tierra fue una cumbre, y cada uno lo es.

PENSANDO, 1974

Humanidad

Sé que en sus corazones late el pulso de toda la humanidad.

PERFILES, 1957

Porque ¿qué son los hombres hoy entre números cada vez más grandes?

REFLEXIONES, 1964

El hombre está siempre lleno de lo humano.

VIGILIA, 1966

Humanismo

Eleva tus manos y toca el rostro del hombre.

REDENCIÓN, 1979

Crecer hacia arriba: el espacio del verde, apoyado en el corazón, va en contra de las cargas del viento.

REDENCIÓN, 1979

Humildad

Entra en ti por lo menos para conocer tu soberbia (esto ya es humildad).

PERFILES, 1957

Identidad

¡Tomemos la totalidad en nosotros! ¡Entreguemos la totalidad de nosotros!

ANOTACIONES, 1939

No me conocía así como me descubrí en el canto.

MADRE, 1950

Si sufre por la falta de la visión —entonces, debe abrirse paso hacia lo que yace en el fondo, lo que madura en la palabra.

PENSAMIENTO, 1952

Hablo pocas veces de esto, pero siempre deduzco, luego, el peso específico del mundo y de mi propio fondo.

PENSAMIENTO, 1952

Ojalá estés preparado para cumplir el deber de llevar en ti esta imagen que transformas en este contenido favorable al silencio y a la soledad, la soledad posible en el hombre, posible porque la muerte no la separa de nadie.

PENSAMIENTO, 1952

Ya hace tantos años vivo como el hombre proscrito de su personalidad profunda y, simultáneamente, condenado a su profundización.

REFLEXIONES, 1964

Y yo ¿qué? . . . yo, que estoy pasando constantemente.

REFLEXIONES, 1964

Temo la palabra "mío", aunque al mismo tiempo más la quiero y más deseo lo que reside en ella.

REFLEXIONES, 1964

Un análisis profundo de la palabra "mío" siempre me conduce a Ti.

REFLEXIONES, 1964

No es ésta la identidad que busco: el lugar es sí mismo
por lo que lo llena.

PEREGRINACIÓN, 1965

Llego a estos lugares que llenaste contigo una vez por
siempre. No vengo a llenarlos sino a llenarme yo mismo
con ellos.

PEREGRINACIÓN, 1965

La identidad de los lugares no es solamente la identidad
de las piedras.

PEREGRINACIÓN, 1965

Los lugares comunes están más en nosotros que en la
tierra.

PEREGRINACIÓN, 1965

Iglesia

Y las bóvedas no pesan en esta pared, no pesan las gentes
vivas que habitan en las estancias de los corazones cansados.

IGLESIA, 1962

Aunque el resplandor de tus ojos no alcanza, sin embargo la Barca se sube sobre la espalda: junto con ella el abismo se transforma en el cuerpo para constituir por esto el
Hecho en cada hombre.

IGLESIA, 1962

Y tú, Pedro. Quieres ser aquí el Piso para que pasen por
encima de Ti (andando hacia adelante sin saber a
dónde), para que vayan donde dirijas sus pies.

IGLESIA, 1962

Quieres ser El que sirve a los pies —como la roca para las
pezuñas de las ovejas: la Roca es también el piso de un
templo gigantesco. La cruz es un Apacentadero.

IGLESIA, 1962

Por lo tanto, debemos descender debajo del piso en que fueron marcadas las huellas de tantos pies.

IGLESIA, 1962

Debemos cavar en la piedra para descubrir al hombre pisoteado por las pezuñas de las ovejas: no sabían, entonces, a quién pisoteaban —¿al hombre que pasó o al Hombre que no pasa?

IGLESIA, 1962

La cripta te dirá: relacionada con el mundo entero que siempre la asedia, como un ejército de soldados cansados que no quieren retirarse.

IGLESIA, 1962

Mi Iglesia que nace conmigo pero que no muere conmigo —yo tampoco muero con ella.

ESTANISLAO, 1979

La Iglesia: el fondo y la cumbre de mi ser.

ESTANISLAO, 1979

La Iglesia —la raíz que echo en el pasado y simultáneamente en el futuro.

ESTANISLAO, 1979

La Iglesia se ató con mi tierra para que todo lo que se ate
en ella esté atado en el cielo.

ESTANISLAO, 1979

Es patria: porque en ella comienza la casa del Padre,
porque nace de ella.

ESTANISLAO, 1979

Mi Iglesia, en la que a través de los siglos van juntas la
palabra con la sangre, unificadas por el oculto soplo del
Espíritu.

ESTANISLAO, 1979

Imagen

La imagen no sacia, es señal de alejamiento.

REDENCIÓN, 1979

No obstante, ningún siglo puede ocultar la verdad de la imagen y de la semejanza.

TRÍPTICO, 2003

La visión esperaba la imagen.

TRÍPTICO, 2003

Justicia

Sé que el siglo necesita la protesta y la voluntad para poder transformarse en roble, en Amor y en Libertad.

BANQUETE, 1939

Con la renuncia a las maldiciones, rechazar con la oblación la violencia del hombre contra el hombre.

PALABRA, 1939

Las hachas no tienen ofrenda para inmolar —el sacrificio no implica sangre.

PALABRA, 1939

Precisamente revelaban todo lo que debería terminar entre los hombres.

CANTERA, 1956

¿Lograrás enseñarnos que hay otros perjuicios fuera del nuestro?

PERFILES, 1957

Si supieras entender que no eres el eje de estos asuntos y que Él, que lo es, tampoco encuentra el amor.

PERFILES, 1957

¿Sabrán no estropear lo que comenzó en ustedes y siempre separarán el bien del mal?

PERFILES, 1957

Sin embargo, quiero ser justo, por esto negocio con ustedes y ¿siempre separarán el bien del mal?

PERFILES, 1957

Negocio con ustedes lo que la justicia reclama.

PERFILES, 1957

Siempre quiero ser justo. He aquí el umbral. No pases este umbral, no toques el pensamiento ni el corazón.

PERFILES, 1957

Hasta aquí es un hombre justo y ¿luego?

PERFILES, 1957

La justicia no es un monumento en acero.

PERFILES, 1957

Mi pequeño mundo: ¡la justicia apretada por las tenazas de las normas!

PERFILES, 1957

Tu gran mundo. Tu gran mundo: la pupila, la viga —y Él.

PERFILES, 1957

El silencio, el silencio —la justicia reclama la rebelión— pero la rebelión ¿contra quién?

PERFILES, 1957

Él mismo no dejará que tu mano haga lo que ya se consumó en el corazón.

TRÍPTICO, 2003

Juventud

¡Juventud! Tú eres como junio, que arrasa el campo.

BANQUETE, 1939

Él fortificó mi juventud con ritmo admirable, él forjó mi canto en yunque de roble.

MAGNÍFICAT, 1939

Ahora, apuro hasta los bordes la copa de vino en Tu fiesta celestial —un siervo orante—, con gratitud porque embelesaste extrañamente mi juventud.

MAGNÍFICAT, 1939

Lengua

Cuando alrededor hablan lenguas, sólo una suena entre ellas: la nuestra propia.

PENSANDO, 1974

La lengua se ahonda en el pensamiento de las generaciones y circunnavega nuestra tierra y se vuelve el techo de la casa donde estamos juntos.

PENSANDO, 1974

Las lenguas de las naciones no acogieron la lengua de mis antepasados, explicando que era "demasiado difícil" o "inane".

PENSANDO, 1974

En la gran asamblea de los pueblos no hablamos nuestra propia lengua.

PENSANDO, 1974

La lengua propia nos encierra: nos contiene y no se abre.

PENSANDO, 1974

Libertad

¡Oh, Libertad! Eres un santo apego a la poesía celestial, creada con el corazón.

BANQUETE, 1939

Liberar con la Palabra —liberar de las cadenas.

PALABRA, 1939

No temas. Los asuntos humanos tienen amplios bordes. No se puedan encarcelar demasiado tiempo en un lecho angosto.

CANTERA, 1956

No temas. Los asuntos humanos se cumplen en Él, a quien miras por medio del rítmico golpeteo de los martillos.

CANTERA, 1956

No me hiciste cerrado, me dejaste medio abierto.

REFLEXIONES, 1964

Acaso la libertad es un vacío . . .

VIGILIA, 1966

La libertad hay que conquistarla permanentemente, no se puede sólo poseerla.

PENSANDO, 1974

Pagas la libertad contigo mismo —entonces, llama libertad lo que puedes pagar y poseerte siempre de nuevo.

PENSANDO, 1974

La esclavitud juzgó la libertad dorada.

PENSANDO, 1974

Hemos juzgado nuestra libertad con más justicia que los demás (el misterio de la historia levantaba su voz): en el altar de la autodeterminación ardían los sacrificios de las generaciones.

PENSANDO, 1974

¿Podemos juzgar nuestra libertad con la libertad de los demás?

PENSANDO, 1974

Ustedes, que relacionaban su libertad con la nuestra, perdonen.

PENSANDO, 1974

En el suelo de la libertad humana ya nacieron el Cuerpo y la Sangre.

ESTANISLAO, 1979

Sobre el suelo de nuestra libertad cae la espada. Sobre el suelo de nuestra libertad cae la sangre.

¿Cuál peso prevalecerá?

ESTANISLAO, 1979

Luz

Tan ligera se vuelve la llama proveniente del arco luminoso de la leña seca, que cuestiona a su alrededor la extensa tapa de la noche.

CANTO AGUA, 1950

Aquella luz atravesaba despacio los acontecimientos cotidianos.

MADRE, 1950

El hombre se agarra con ambas manos a la luz como el remero que conduce la barca.

VIGILIA, 1966

Por la fidelidad a ti, tierra, hablo de la luz.

VIGILIA, 1966

Que el rayo de luz caiga sobre los corazones y deslumbre
las tinieblas de las generaciones.

PENSANDO, 1974

La transparencia final y la luz.

TRÍPTICO, 2003

Madre

Madre mía, aquí te confieso mi construcción y te abro la tapa de las nostalgias y esta avalancha eslava que cae sobre mí.

. . . Y CUANDO DAVID, 1939

Ya sé, madre, ya sé, tú dices —no termines—. —No termino, madre mía. Sólo me estrecharé contra ti.

. . . Y CUANDO DAVID, 1939

Hay instantes en que el primer y profundo fulgor en las pupilas les revela a las madres los misterios del hombre.

MADRE, 1950

Madurez

La madurez, descenso al meollo oculto.

LA MUERTE, 1975

La madurez, acercamiento de la superficie al fondo.

LA MUERTE, 1975

La madurez, penetración de la hondura.

LA MUERTE, 1975

Porque la madurez está en el amor, que transforma el miedo.

LA MUERTE, 1975

Manos

Las manos son el paisaje del corazón.

CANTERA, 1956

Las manos se rajan a veces como un desfiladero por donde pasa un elemento indefinido.

CANTERA, 1956

Las manos de unos pertenecen al trabajo, las manos de otros pertenecen a la cruz.

CANTERA, 1956

Memoria

Mi lugar transcurre en la memoria.

MADRE, 1950

Misterio

Tú me enredas y me envuelves, levantas mi cabeza hacia
arriba —¡Oh Dios!

MOUSIKE, 1938

Allí ya ningún verde saciará las miradas.

CANTO DE DIOS, 1944

Alguien se inclinaba largo tiempo sobre mí. La sombra
no pesaba sobre los bordes de mis cejas.

CANTO DE DIOS, 1944

Un verde inexpresable, apoyado en gotas de sangre.

CANTO DE DIOS, 1944

Hasta aquí llegó Dios, y se paró a un paso de la nada.

CANTO DE DIOS, 1944

Llegará el día en que Te quiten el brillo y en que yo entregue Tu Luminosidad a la tierra.

CANTO DE DIOS, 1944

¡No hables de las incógnitas! ¡El incógnito es el hombre!

VIGILIA, 1966

La grandeza solitaria en la urdimbre de toda la creación.

LA MUERTE, 1975

El designio de Dios descansa en el rostro de los peatones.

LA MUERTE, 1975

El espacio del gran misterio se extiende, en cada uno de ellos, entre la propia muerte y la esperanza.

LA MUERTE, 1975

Movimiento

Camino pero estoy parado, no siento ningún movimiento.

PERFILES, 1957

No estás detenido sino que en el silencio se tensionan estas fuerzas que encontrarán su camino, estas fuerzas que estallan.

PERFILES, 1957

Mi movimiento es diferente: allá la forma está incluida en un paréntesis transparente.

NACIMIENTO, 1961

Muerte

La muerte es solamente un rayo demasiado corto.

CANTO DE DIOS, 1944

La estela de sangre que se hunde en la nieve.

CANTO DE DIOS, 1944

En las pupilas vacías sigue muriendo un mundo que no se parece a sí mismo.

PERFILES, 1957

¡Cómo injertarás la muerte y la vida de la tierra en el pensamiento?

VIGILIA, 1966

Existes permanentemente para la muerte, existiendo siempre para el futuro.

LA MUERTE, 1975

La travesía por en medio de la muerte hacia la vida es un misterio.

LA MUERTE, 1975

Deslizándome hacia la muerte, revelo la espera y los ojos clavados en un solo lugar y en una sola resurrección. Sin embargo, cierro la tapa del cuerpo y confío a la tierra la certeza de su descomposición.

LA MUERTE, 1975

¡Mas no me muero entero, lo que en mí es indestructible, permanece!

TRÍPTICO, 2003

Y así será de nuevo, cuando se presente la necesidad. Después de mi muerte.

TRÍPTICO, 2003

Sólo le es dado al hombre morir una vez; y, luego, ¡el Juicio!

TRÍPTICO, 2003

Mundo

Dios descansaba en el corazón y el universo se volvía, poco a poco, el canto de Su Razón.

CANTO DE DIOS, 1944

El mundo está lleno de energías ocultas que nombro con impertinencia.

NACIMIENTO, 1961

Aquí la arquitectura es casual y, a la vez, está extremadamente llena de sentido. Todo lo que es parte y aspecto se explica por la totalidad.

PEREGRINACIÓN, 1965

El mundo crece constantemente, subiendo con cada muerte humana, creciendo con cada entrada en la órbita del pensamiento de los átomos irrepetibles.

LA MUERTE, 1975

Nación

Es débil el pueblo si acepta su derrota, cuando olvida que fue enviado para velar hasta que llegue su hora.

PENSANDO, 1974

Noche

En la oscuridad hay tanta luz, cuanta vida en la rosa abierta, cuanto Dios desciende sobre los bordes del alma.

CANTO DE DIOS, 1944

Estos ojos cansados son señal de que las aguas oscuras de la noche corrieron con las palabras de la oración.

CANTO AGUA, 1950

Soy el dispensador. Toco las fuerzas que hacen crecer al hombre. No obstante, lo que se queda, a veces, recordará también la noche sin estrellas.

NACIMIENTO, 1961

Hay una Noche cuando, velando Tu sepulcro, somos más Iglesia.

VIGILIA, 1966

Esta Noche, el rito de la tierra alcanza su principio.

VIGILIA, 1966

Mil años son como una Noche: la Noche de velar en Tu sepulcro.

VIGILIA, 1966

Oración

Con nostalgia se lanzará la oración de la humanidad, cada vez más amplia.

SONETOS, 1939

Entonces en la oración alcanzo los Cristos solares.

BANQUETE, 1939

Así pues, aprendo el habla vespertina, los salmos penitenciales, israelitas.

PALABRA, 1939

Tú eres el más maravilloso, el Escultor de santos todopoderoso.

MAGNÍFICAT, 1939

Bendigo, en Oriente y en Occidente, Tu sementera
—siembra pródigamente, Labrador, tu tierra.

MAGNÍFICAT, 1939

Y aún Te adoraré, porque en Ti está el refugio, premio por cada canto.

MAGNÍFICAT, 1939

Te ruego que me protejas de este lado por donde cae la noche.

CANTO DE DIOS, 1944

Y no rechaces, Señor, ni siquiera esta admiración fría.

CANTO DE DIOS, 1944

Probablemente esto es una oración, Hijo mío, estos son días rectos.

MADRE, 1950

Palabra

Escucho las confesiones vespertinas del jardín, con la visión del alma pienso en el Verbo.

PALABRA, 1939

Y sé que con la palabra entenderé, derribaré o yo mismo caeré muerto en redondo.

PALABRA, 1939

Percibirás el mito gótico de la palabra en la gloria Divina.

PALABRA, 1939

Y la Palabra del Padre es el enamoramiento, el más alto milagro de los ojos todopoderosos.

PALABRA, 1939

Las visiones de la humanidad guarnecida con la carga y esta asombrosa verdad de la Palabra, que es el Amor y la Liberación.

PALABRA, 1939

La Palabra del Padre es el enamoramiento —Anhelos en las palabras de la humanidad— Amén.

PALABRA, 1939

Porque en Ti tiembla tanta gente radiografiada por el resplandor de Tus palabras.

CANTO AGUA, 1950

Las palabras eran sencillas. Andaban a mi alrededor como ovejas mansas.

CANTO AGUA, 1950

Es verdad que no es fácil medir la profundidad de las palabras cuyo significado les fue infundido por Él para ocultar el amor de antes.

MADRE, 1950

Por ende, las palabras no serán llanas sino estarán llenas: las acompaña un sentimiento de brío.

NACIMIENTO, 1961

Y constantemente, debajo de la superficie de las palabras,
se siente el fondo para apoyar el pie en él.

NACIMIENTO, 1961

No conozco las palabras más antiguas. Cuando regreso a
los registros, aún estoy lejos de las palabras vivas, llenas
del hálito y del sonido del hombre histórico.

VIGILIA, 1966

La velación es la palabra del Señor y la palabra del
pueblo.

PENSANDO, 1974

La palabra, la que responde a un legado que no niega la
existencia.

LA MUERTE, 1975

El misterio del principio nace junto al Verbo, emana del
Verbo.

TRÍPTICO, 2003

El Verbo —la eterna visión y la eterna expresión.

TRÍPTICO, 2003

El Verbo, el Verbo admirable —el Verbo Eterno como si fuera un umbral invisible de todo lo que haya existido, existe y existirá.

TRÍPTICO, 2003

Como si el Verbo fuera un umbral.

TRÍPTICO, 2003

El umbral de la palabra, en el que todo fue de manera invisible, eterna y divina —¡detrás de este umbral comienzan los hechos!

TRÍPTICO, 2003

El Principio que surgió de la nada, obediente al Verbo Creador: aquí se revela desde estas paredes.

TRÍPTICO, 2003

El Verbo Eterno es como si fuera un umbral tras el cual vivimos, nos movemos y existimos.

TRÍPTICO, 2003

El Universo fue creado por el Verbo y al Verbo regresa.

TRÍPTICO, 2003

Pasado

Estamos frente al frontispicio del pasado, que simultáneamente se nos abre y se nos cierra.

VIGILIA, 1966

El pasado es el tiempo del nacimiento, no de la muerte.

VIGILIA, 1966

Por aquí sigue corriendo la tierra, los días cotidianos se quedan.

REDENCIÓN, 1979

Patria

En la nostalgia nos encontraremos con la tierra
—nosotros, los altos álamos crecidos aquí.

SONETOS, 1939

Porque soy de ustedes, soy de ustedes, de todo mi
corazón.

BANQUETE, 1939

Corría, como los pastores, entre los senderos floridos, la
tierra de mi patria —y con Dios unía los caminos de las
colinas y arrancaba la maleza despejaba sendas claras al
Caminante.

. . . Y CUANDO DAVID, 1939

Nuestra tierra se volvió un rito de las plantas y de árboles
que revientan como el pensamiento madurado con la
sabiduría —esta Sabiduría es nuestra patria, que hemos
escogido de corazón con el permiso de la tierra.

VIGILIA, 1966

La Patria —cuando pienso en ella— entonces, me expreso a mí mismo y echo raíces.

PENSANDO, 1974

La Patria —cuando pienso en ella— aún oigo el sonido de la guadaña que golpea contra la pared de trigo.

PENSANDO, 1974

La Patria: el reto de esta tierra lanzado a los antepasados y a nosotros para decidir sobre el bien común y con la propia lengua, cantar la historia como un estandarte.

PENSANDO, 1974

Tierra que no dejas de ser partecilla de nuestro tiempo.

PENSANDO, 1974

Y te elevamos, tierra antigua, como el fruto de amor de generaciones que superó el odio.

PENSANDO, 1974

La tierra de difícil unidad. La tierra de los hombres que buscan sus propios caminos.

ESTANISLAO, 1979

La tierra entregada a la libertad de cada uno frente a todos.

ESTANISLAO, 1979

La tierra unida en los corazones de los polacos por el desgarramiento como ninguna.

ESTANISLAO, 1979

Paz

La paz: la unidad de la existencia.

REDENCIÓN, 1979

Pecado

La vergüenza llegará con el pecado y ahora.

TRÍPTICO, 2003

Pensamiento

Entonces comienza el pensamiento —la historia del alma peregrina, del alma anhelada, esperada en cada acorde.

SONETOS, 1939

Poco a poco quito el brillo a las palabras, ahuyento los pensamientos como a una bandada de sombras.

CANTO DE DIOS, 1944

De repente los pensamientos se separan de las palabras pronunciadas en voz alta.

MADRE, 1950

Me absorberá el tiempo nuevo que ya brilla en los ojos que se apagan.

MADRE, 1950

Y cuando de nuevo se suspenda el canto, escucharás mejor mis pensamientos.

MADRE, 1950

El pensamiento es un espacio extraño.

PENSAMIENTO, 1952

La resistencia con que desafían los pensamientos a las palabras.

La resistencia que les hacen las palabras a los pensamientos.

PENSAMIENTO, 1952

¡Palabras vacías! ¿No lo sientes? Precisamente gracias al pensamiento estás tan profundamente metido en la luz de las cosas, que debes buscar en ti un espacio cada vez más profundo para ellas.

PENSAMIENTO, 1952

¿Se puede quitar a los pensamientos su fondo llano y silencioso?

PENSAMIENTO, 1952

Cuando el pensamiento recupere su seguridad, entonces
el corazón y la mano alcanzarán juntos la cumbre.

CANTERA, 1956

Toma el pensamiento y termina al hombre o permítele
también comenzarse de nuevo a sí mismo.

PERFILES, 1957

He aquí el pensamiento: se compone más bien de muchas
corrientes que de un infinito número de gotas.

NACIMIENTO, 1961

Entre el ojo y el rostro transcurre una carrera impercep-
tible, abre la frente y el rostro . . . lo despoja de las sombras.

NACIMIENTO, 1961

¿Debo pensar en todo y siempre hasta el final?

NACIMIENTO, 1961

¡Ata el pensamiento a los cimientos del mundo! ¡Mas suelta el corazón y abre el alma!

VIGILIA, 1966

El pensamiento no está pegado a los cimientos —él mismo se vuelve cimiento, gozne de todo movimiento que penetra al hombre.

VIGILIA, 1966

Perseverancia

No devolverse tantas veces sino seguir y simplemente llevar el peso.

PERFILES, 1957

Hay momentos sordos, momentos sin esperanza —¿haré nacer aún en mí un pensamiento o el calor del corazón?

PERFILES, 1957

Que no se queme de inmediato en el ardoroso brillo de las pupilas lo que crece en los períodos de estancamiento.

PERFILES, 1957

Piensa con qué esfuerzo se madura para la unidad.

PERFILES, 1957

Piedra

Después de una lluvia fresca, las piedras transparentes
—lucen.

CANTO AGUA, 1950

Hay lugares huecos en las piedras —¡no des con estos
lugares!

CANTERA, 1956

¿Acaso la piedra perdona?

CANTERA, 1956

Lo penetró una piedra blanca, se incrustó en su esencia y
se apoderó de ella hasta que la volvió también piedra.

CANTERA, 1956

Las lajas de piedra están paradas —las separa una llama
vertical.

PERFILES, 1957

Poesía

A los poetas les corresponde adivinar los corazones humanos, forjar las palabras de la cadena de Dios, la de Cristo.

BANQUETE, 1939

El poeta susurra la oración vespertina, pide el alcance gótico del pensamiento.

PALABRA, 1939

Las palabras expiatorias necesitan al sacerdote.

PALABRA, 1939

Que te adore la felicidad, —gran misterio que me hinchaste tanto el pecho con el canto primigenio.

MAGNÍFICAT, 1939

¡Adóralo por la poesía —por la alegría y el dolor!

MAGNÍFICAT, 1939

Dios se inclina hacia el arpa —pero el rayo se quiebra en la faz rocosa— las palabras no tienen fuerza, no hay palabras.

MAGNÍFICAT, 1939

Y soy como un Ángel caído —una figura en un pedregal, en un zócalo de mármol—; pero Tú le insuflaste nostalgias a la figura y a los brazos elevados, por eso se alza, desea. Soy de estos ángeles.

MAGNÍFICAT, 1939

Sé bendito, Padre, por la tristeza del ángel, por la lucha del canto contra la mentira.

MAGNÍFICAT, 1939

Pozo

Y ahora la luz del pozo late profundamente en tus lágrimas.

CANTO AGUA, 1950

Este pozo abre a tu vista solamente la titilación de las hojas.

CANTO AGUA, 1950

Tuvo el espejo . . . como un pozo . . . profundamente reluciente.

CANTO AGUA, 1950

Encontré en el reflejo de este pozo mucho espacio vacío en sí.

CANTO AGUA, 1950

Presacramento

Según esta clave, lo invisible se expresa en lo visible.
Presacramento.

TRÍPTICO, 2003

Presacramento —el solo ser visible del signo del Amor
Eterno.

TRÍPTICO, 2003

Profecías

Toca, pastorcillo, —en el pastizal de montaña— que suenen los cencerros de rebaños.

MOUSIKE, 1938

Soy parte Tuya, estoy en Tu inspirado acorde, el alma en el alma.

MOUSIKE, 1938

Me levanto —oh Señor— para besar tus pies en la melodía del mundo.

MOUSIKE, 1938

Vestido con un manto blanco para ser ridiculizado —él— el vocero autorizado de las multitudes.

PALABRA, 1939

Con su triple corona salió delante de su pueblo, llevando en servicio la palabra suplicante.

PALABRA, 1939

Señor, yo soy David, hijo de Isaí, soy hijo de Piast. Tú me herrarás la señal —escucharé Tu ritmo.

CANTO MATUTINO, 1939

Yo soy David, yo soy el pastor —llevo el canto implorante para que te dignes apiadarte de Piast y le permitas recoger la cosecha.

CANTO MATUTINO, 1939

Ordenaste esperar y durar en el poder, aunque me doblabas con el peso, en las penas y la lucha de la larga noche, antes de que resplandezca el incendio de la aurora.

ARPISTA, 1939

Yo también me puse a susurrar —haya entre las hayas,
Así me lo exigía el cantar de pastor,
Y he soñado —hijo de Piast— el David israelí.
Que Dios unge mi frente.

. . . Y CUANDO DAVID, 1939

Raíces

¡Alcanza los jugos con la raíz! Gota a gota se vierten en las ramas crucificadas por el sufrimiento y en cada gota está el dolor.

SONETOS, 1939

Crecer hacia adentro: no sólo crecer, descubrir hasta qué profundidad echaste raíces y que más profundo . . .

REDENCIÓN, 1979

Nos movemos en la oscuridad de las raíces echadas en el suelo común.

REDENCIÓN, 1979

Realidad

La realidad es más maravillosa que dolorosa.

PERFILES, 1957

Golpeando con los bastones blancos contra el pavimento, creamos la distancia imprescindible.

PERFILES, 1957

La tierra sigue alejándose de Ti, pero no se separa.

PERFILES, 1957

Hay motivos profundamente entrelazados. Cuando intentas desenredarlos, sientes que deberías arrancarte junto con ellos.

PERFILES, 1957

Yo crearía otra unidad y otro destino (pero ¿cómo sería sin los fragmentos?).

PERFILES, 1957

Todo lo otro está encerrado en sí, las hierbas corren por el filo del viento.

NACIMIENTO, 1961

Lo que tuvo forma se volvió informe. Lo que estuvo vivo —helo aquí, muerto.

TRÍPTICO, 2003

Redención

LA REDENCIÓN es la permanente cercanía DEL QUE SE
FUE.

REDENCIÓN, 1979

La redención buscó tu forma para entrar en la intran-
quilidad de todos los hombres.

REDENCIÓN, 1979

Religión

Y estoy en el *Miserere* sálmico de la humanidad.

SONETOS, 1939

Porque tenemos apoyo en las palabras pronunciadas antaño, que siguen siendo pronunciadas con temblor para no cambiar nada en ellas.

IGLESIA, 1962

Ciertamente existen Manos invisibles que nos sostienen hasta tal punto que con esfuerzo llevamos la barca cuya historia impone la corriente a pesar de los bajíos.

IGLESIA, 1962

Las horas llegan al salmo de las incesantes conversiones: vamos a participar en la Eucaristía de los mundos.

PENSANDO, 1974

Resurrección

Tú, único, puedes quitarle de nuevo nuestros cuerpos a la tierra.

LA MUERTE, 1975

En este espacio, en la dimensión más completa del mundo ESTÁS TÚ y, entonces, yo tengo sentido, al igual que mi descenso a la tumba.

LA MUERTE, 1975

La descomposición que me hace polvo de átomos irrepetibles es una parte de Tu Pascua.

LA MUERTE, 1975

Los átamos del antiguo hombre amarran el archiviejo suelo del mundo, [. . .] para volverse todos Tu Pascua —es decir, TRANSICIÓN.

LA MUERTE, 1975

No olvides este lugar cuando te vayas de aquí, este lugar esperará su día.

TRÍPTICO, 2003

Sabiduría

¡Tierra, tierra! ¡Responde a los cometidos de la eterna Sabiduría!

PEREGRINACIÓN, 1965

El temor es el comienzo de la sabiduría.

LA MUERTE, 1975

Tú, que lo penetras todo —¡indica! Él indicará . . .

TRÍPTICO, 2003

Sacrificio

A través de los puentes —de los caminos—de las espinas—
la humanidad no ofrecerá diariamente el libamen a las
alas amarradas.

SONETOS, 1939

Sin embargo, no cargo lo suficiente, no comparto suficiente peso. No es suficiente, y pienso "demasiado",
cuantas veces pienso así.

PERFILES, 1957

La copa surgió por haberse agrietado las rocas.

PEREGRINACIÓN, 1965

¿Dónde está el cordero del sacrificio? Tenemos el fuego y la
leña y el cuchillo, ¿pero dónde está el cordero del sacrificio?

TRÍPTICO, 2003

Otro Padre recibe aquí el sacrificio de su Hijo.

TRÍPTICO, 2003

Santidad

Existía un hombre en quien mi tierra vio que estaba unida con el cielo.

ESTANISLAO, 1979

Existía tal hombre, había gente . . . y siempre siguen así . . . a través de ellos la tierra se ve en el sacramento de la nueva existencia.

ESTANISLAO, 1979

Seguridad

Estaría, entonces, indefenso, si lo que hay en él y desde él no creara ninguna verticalidad, sino que hubiera cedido.

PERFILES, 1957

Significado

El mundo no se esconde por medio del pensamiento en el país de los puros significados.

REDENCIÓN, 1979

El país de los significados se extiende a través del amor impenetrable.

REDENCIÓN, 1979

Signo

En el signo andamos desde hace siglos. El signo reemplazó los cimientos del mundo y los enredos del destino humano.

VIGILIA, 1966

En el signo de nuestras fisuras se revela Tu unidad, la unidad del Hombre y del Verbo.

VIGILIA, 1966

Tu signo —el signo de nuestras fisuras se volvió el signo de nuestra riqueza.

VIGILIA, 1966

Llenaste tu signo de nuestra libertad. ¿La libertad está en contra de Ti?

VIGILIA, 1966

Silencio

Sosegadamente, en alguna parte, se despliega la melodía
por las cuentas de las montañas.

MOUSIKE, 1938

Las lejanas orillas del silencio comienzan justo detrás del
umbral, no volarás por allá como un ave.

CANTO DE DIOS, 1944

Porque eres la Calma misma, el gran Silencio, libérame
ya de tu voz.

CANTO DE DIOS, 1944

No pasa el silencio de las calles, retenido en el espacio
como en el cristal.

MADRE, 1950

Las más cercanas son las palabras del niño, en las que se
eleva este silencio.

MADRE, 1950

Y de nuevo se queda el silencio entre el corazón, la piedra y el árbol.

CANTERA, 1956

Este Ventarrón, empujado por Tu mano, ahora se vuelve silencio.

LA MUERTE, 1975

Que admirable es tu silencio en todo desde que se manifiesta el mundo creado.

TRÍPTICO, 2003

El silencio —¿por qué callas? Con qué esmero has escondido el misterio de Tu principio.

TRÍPTICO, 2003

Con este silencio de nuevo se hundía en una hostil lejanía.

TRÍPTICO, 2003

(Abrahán) Oyó la voz que lo guiaba. Ahora, la voz calló.

TRÍPTICO, 2003

Soledad

El fondo del silencio, la bahía del embalse —el pecho
humano solitario.

CANTO DE DIOS, 1944

Al mismo tiempo sentimos: ninguna palabra, ni gesto,
ni signo —alcanzará a llevar toda la imagen en la que
tenemos que entrar solitarios.

PENSAMIENTO, 1952

Y puede estar más con Él que consigo mismo.

PERFILES, 1957

Nadie llamará a esta soledad pecado, no obstante, yo sé
cómo juzgarla.

REFLEXIONES, 1964

Sin embargo, se quedó solo por su propia voluntad para contagiarles la soledad a otros. ¿Quién llamaría a esto culpa?

REFLEXIONES, 1964

La cantidad no crea el amor —la soledad no independiza sino que despierta la lucha.

REFLEXIONES, 1964

El deseo de soledad de ningún modo está en el fondo, sino que siempre crece por encima de una fisura de mi existencia, que es mucho más amplia de lo que jamás pude pensar.

REFLEXIONES, 1964

Nada se quedará de esta soledad que he tratado de oponer contra Ti —en cambio, Tú te expresarás profundamente.

REFLEXIONES, 1964

La soledad es contraria al amor.

REFLEXIONES, 1964

No obstante, en la frontera de la soledad, el amor suele volverse sufrimiento.

REFLEXIONES, 1964

Quién podía pretender que la verdad contenida en esta palabra transformara nuestra soledad.

REFLEXIONES, 1964

Solidaridad

Las nostalgias de las almas son la unión en espera de la obra.

SONETOS, 1939

Creo en la realización de la voluntad unificada: En el cambio venidero.

SONETOS, 1939

Mi corazón está que se rebela contra la esclavitud del canto y contra los tiempos de la destrucción.

BANQUETE, 1939

Las manos se unieron solas cuando las palabras perdieron su espacio.

MADRE, 1950

Testimonio

Me arrodillo —por esto dejo en ti el sello. Te quedarás aquí con mi sello —te quedarás, te quedarás— y yo te llevaré y transformaré en mí, en lugar de un nuevo testimonio.

PEREGRINACIÓN, 1965

Me marcho como el testigo que testimonia a través de los milenios.

PEREGRINACIÓN, 1965

Tiempo

La fe que anda en el Tiempo. Las nostalgias son el camino del acercamiento.

SONETOS, 1939

El hombre no siente desde adentro el peso de las horas que llegan desde arriba pero que pasan por debajo.

NACIMIENTO, 1961

No pararás las corrientes que pasan.

LA MUERTE, 1975

Ahora cada instante se abre con el tiempo entero, aparece como por encima de sí mismo, en él encuentras la semilla de la eternidad.

REDENCIÓN, 1979

¡Para! Este pasar tiene sentido, tiene sentido . . . tiene sentido . . . tiene sentido . . .

TRÍPTICO, 2003

Tierra

Los olivos enanos entre los cuales no pudiste encontrar el refugio ni entonces, ni . . . y hoy ¿por qué vengo?

PEREGRINACIÓN, 1965

Toda la tierra viene a esta única Tierra y gracias a ella la tierra se vuelve, así como se vuelve todo lo que es, gracias a EL QUE ES.

PEREGRINACIÓN, 1965

¡Tierra del encuentro! ¡Tierra única! ¡Tierra gracias a la cual la tierra entera se hizo tierra, así como todo lo que es se hizo lo que es —gracias a El Que Es.

PEREGRINACIÓN, 1965

¡Tierra, tierra no nacida! En la que El Que Es se hizo nuestro Padre. Te agotaste hasta al final durante nuestro nacimiento. No quedó en Ti ninguna huella de frescura ni de belleza.

PEREGRINACIÓN, 1965

Nuestra tierra se volvió un rito, una señal de reencuentro en el que se volvió a encontrar el HOMBRE.

VIGILIA, 1966

Con dificultada vislumbras y con dificultad estás descifrado por la necesidad de la tierra.

VIGILIA, 1966

Nuestra tierra estará más cerca del sol, su cercanía bastará para la vida.

VIGILIA, 1966

Tierra que nos das a luz, no nos das a luz junto con la luz.

VIGILIA, 1966

La tierra se volvió un yacimiento de luces profundamente prendidas en los hombres.

PENSANDO, 1974

Trabajo

Toda la grandeza del trabajo se encuentra en el interior del hombre.

CANTERA, 1956

La mano dura, rajada, agarra de otro modo el martillo, de otro modo se soluciona el pensamiento humano en la piedra.

CANTERA, 1956

Por medio del trabajo sus pensamientos profundos guían para formar las arrugas de la frente.

CANTERA, 1956

La piedra te entrega tu fuerza, el hombre madura por el trabajo porque éste entraña la inspiración del bien difícil.

CANTERA, 1956

Entonces simplemente trabaja y confía.

PERFILES, 1957

Quizás antes se forma el pensamiento, quizás antes nace la fatiga.

NACIMIENTO, 1961

Tradición

He aquí la polonesa como un símbolo de las encarnaciones renacentistas.

SONETOS, 1939

Regresa a cada lugar donde haya muerto el hombre y aún más al lugar en que nació.

VIGILIA, 1966

¿Podemos rechazar el llamado que crece en nosotros como la corriente en las orillas demasiado altas y demasiado pendientes?

PENSANDO, 1974

El camino corre por las mismas laderas, regresa a los mismos lugares, se vuelve el gran silencio que visita cada noche los cansados pulmones de mi tierra.

PENSANDO, 1974

El árbol del conocimiento del bien y del mal crecía en las orillas de los ríos de nuestra tierra.

PENSANDO, 1974

Cargábamos los frutos que pesan y que enriquecen.

PENSANDO, 1974

¿En qué dirección crece la historia de nuestra tierra?

PENSANDO, 1974

¡Oh, cómo estás vinculado, lugar de mi tránsito, con el lugar de mi nacimiento!

LA MUERTE, 1975

Universalidad

¡Desde el Wawel hasta la Acrópolis! Yo hermano, en unión, a los espíritus.

SONETOS, 1939

La Grecia de la Atenas, de los Sócrates y de los Sófocles, creció de la libertad renacentista de los divinos mármoles del Olimpo.

SONETOS, 1939

Después de los siglos, sobre la Acrópolis están las cruces de diamantes, la encarnación de Cristo en las formas dóricas y jónicas.

SONETOS, 1939

¡Ah, lugar! ¡Debes ser transportado a tantos lugares!

PEREGRINACIÓN, 1965

¡Ah, lugar de la tierra, lugar de la tierra santa —qué lugar eres en mí! Precisamente por esto no puedo pisarte, debo arrodillarme.

PEREGRINACIÓN, 1965

El lugar del cumplimiento: el principio del nuevo Adán alcanzó su fin. Este fin es de nuevo el comienzo, el comienzo de todos nosotros.

PEREGRINACIÓN, 1965

Mi lugar está en Ti. Tu lugar está en mí. No obstante, es el lugar de todos los hombres. Y, sin embargo, no estoy disminuido en él por todos.

PEREGRINACIÓN, 1965

Verdad

Porque toda esta verdad la vi a través de una lágrima de Tus ojos.

MADRE, 1950

¿Su ira debe volcarse sólo sobre los otros? ¿No maduraba en él mismo con su propio amor y con la verdad?

CANTERA, 1956

La verdad sondea largo tiempo el error.

PERFILES, 1957

Si, no obstante, la verdad está en mí, debe explotar. No puedo rechazarla, porque me rechazaría a mí mismo.

NACIMIENTO, 1961

He aquí la verdad que debo consolidar con mi vida.

NACIMIENTO, 1961

La verdad no vierte aceite sobre las heridas para que no ardan.

IGLESIA, 1962

La verdad debe doler y esconderse.

IGLESIA, 1962

La verdad alza al hombre cuando el hombre no se alza.

IGLESIA, 1962

No se lo preguntes a los contemporáneos, sino a Miguel Ángel (¿¡quizá también a los contemporáneos!?).

TRÍPTICO, 2003

Vida

¿Es la vida una onda de asombro, una onda más alta que la muerte?

CANTO DE DIOS, 1944

No vale la pena cuidar de la existencia que se escapa de las manos.

CANTO DE DIOS, 1944

Corro como un arroyo demasiado veloz, no merezco fondo tan profundo.

CANTO DE DIOS, 1944

Que la arena de mi propio pensamiento cubra las huellas de mis pies.

PERFILES, 1957

La existencia no absorbe, ella crece, se transforma despacio en un murmullo: es el pensamiento hinchado por la razón de ser —eres tú, es el universo, es Dios.

PERFILES, 1957

En dirección contraria —sientes— cómo todo se pega a los pies y la existencia se reduce a un punto y el pensamiento se seca como una estepa.

PERFILES, 1957

Y, sin embargo, sigo detenido. Tomo mi silueta del perfil de la onda que constantemente se aleja a sí misma y a mí me deja.

NACIMIENTO, 1961

El jardinero no teme hacer incisiones en la corteza. Confía en el árbol: la vida va a ser más fuerte gracias a las incisiones, de nuevo se va a acrecentar . . .

VIGILIA, 1966

El rito de las aguas habla distinto en primavera, cuando la vida regresa a la tierra, distinto en verano cuando el hombre muere de sed como el lecho de un río, cuando el cuerpo suplica la pureza y el fresco . . .

VIGILIA, 1966

Visión

La visión es el espacio del amor.

REDENCIÓN, 1979

Vio: desnudo y transparente, verdadero, bueno y bello.

TRÍPTICO, 2003

Vio con visión distinta de la nuestra.

TRÍPTICO, 2003

Y tú, hombre que también ves, ven.

TRÍPTICO, 2003

Os invoco a todos los "videntes" de todos los tiempos.

TRÍPTICO, 2003

Vio, descubría la huella de su Esencia.

TRÍPTICO, 2003

Hallaba su resplandor en todo lo visible.

TRÍPTICO, 2003

Ellos también se ven a sí mismos en el umbral de los hechos, en toda la verdad.

TRÍPTICO, 2003

Ellos también se volvieron partícipes de esta visión que les transmitió el Creador.

TRÍPTICO, 2003

Voluntad

El instante incoloro de la voluntad y pesado como el golpe de un pistón.

PERFILES, 1957

El lugar del encuentro es la valentía y cada uno de nosotros es una fortaleza.

NACIMIENTO, 1961

Oponerse ¿significa ya confesar?

NACIMIENTO, 1961

Me muevo también distinto porque me identifico con otro viento.

NACIMIENTO, 1961

NOTAS

1. Lech, el legendario fundador del estado de Polonia.
2. El Wawel, el Castillo Real de Cracovia, símbolo del glorioso pasado de la cultura y del poderío de Polonia.

AGRADECIMIENTOS

Quiero expresar mi sincera gratitud a todas las personas de la Fundación Juan Pablo II en Roma, especialmente, al Cardenal Zenon Grocholewski, al Arzobispo Stanislaw Dziwisz, a Monseñor Stefan Wylezek, a Monseñor Pawel Ptasznik y al Padre Jan Glówczyk, así como a las autoridades de la Universidad de La Sabana en Bogotá —en particular, a su Rector, Prof. Dr. Álvaro Mendoza Ramírez—, quienes facilitaron mi estadía y mis investigaciones realizadas en el Centro de Documentación del Pontificado Juan Pablo II en la Ciudad Eterna. Igualmente, deseo dirigir mis cordiales agradecimientos al Director de la Casa Polaca en Roma, Monseñor Mieczyslaw Niepsuj, y a todos los trabajadores, quienes siempre me manifestaron su calurosa acogida durante mi estadía allá.

Bogdan Piotrowski

ÍNDICE DE POEMAS

*Referencias en itálicas, como aparecen a pie
de cada uno de los pensamientos*